III° CONGRÈS INTERNATIONAL D'HYGIÈNE SCOLAIRE

PARIS, 2-7 AOUT 1910

Président d'Honneur : M. le Ministre de l'Instruction publique

PROGRAMME

Lundi, 1er Août.

Dès le 1er août, les Bureaux du Congrès seront installés au Grand Palais des Champs-Élysées (entrée avenue d'Antin).

De 9 heures du matin à 6 heures du soir : MM. les Congressistes pourront demander leur insigne et les volumes déjà publiés en échange du ticket qui leur a été remis avec leur carte.

Deux Bureaux de renseignements sont installés au Grand Palais : l'un au premier étage concernant le Congrès, l'autre concernant les excursions avec change de monnaie. Ce dernier est situé au rez-de-chaussée, à la droite de la porte d'entrée.

Un Bureau de poste fonctionne dans les locaux du Grand Palais, sur le quai, en face le pont Alexandre. — Une boîte aux lettres sera installée à la porte du Grand Palais.

Au rez-de-chaussée se trouve l'Exposition, au premier étage les salles du Congrès.

AVIS. — MM. les Secrétaires généraux et les Secrétaires de Section portent l'insigne agrafé à un ruban de couleur. Les Commissaires portent un flot de rubans de couleur différente suivant la langue étrangère qu'ils parlent : *rouge* pour l'allemand, *vert* pour l'anglais, *jaune* pour l'espagnol, *violet* pour l'italien.

Dans les locaux du Congrès, au premier étage, se trouvent un Salon de conversation pour les dames et une Salle de correspondance.

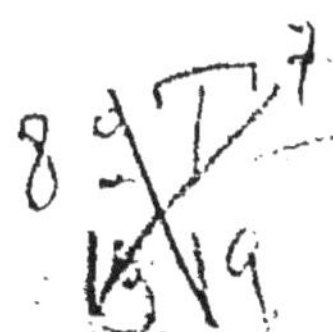

Séance solennelle d'inauguration.

Mardi, 2 Août.
A 9 h. 1/2 du matin.

Dans le Grand Amphithéâtre de la Sorbonne (entrée rue des Écoles) : Séance solennelle d'ouverture, présidée par M. le Dr Landouzy, doyen de la Faculté de Médecine de Paris, délégué par M. le Ministre de l'Instruction publique. La musique militaire du 89e régiment d'infanterie, mise gracieusement à la disposition du Comité par M. le Général Gouverneur de Paris, prêtera son concours à cette cérémonie. Elle sera dirigée par M. Gironce, Chef de musique.

Programme des morceaux de musique :

La Marseillaise.	Rouget de l'Isle.
Le Domino noir.	Auber.
Ballet de Faust.	Gounod.
Polonaise de Concert.	Vidal.
Marche Danoise.	A. Thomas.

L'ouverture des portes de la Salle aura lieu à 9 heures.

MM. les Délégués officiels des Gouvernements, M. le Président du Conseil Municipal de Paris et du Conseil Général de la Seine et MM. les Présidents de Section, Mme la Présidente du Comité des Dames prendront place sur l'estrade.

Des places seront réservées pour MM. les Présidents d'honneur et les Délégués des villes étrangères et des Sociétés scientifiques.

Séances plénières.

Mercredi, 3 Août.
Au Grand Palais (entrée avenue d'Antin).

A 9 heures du matin : Séance plénière, sous la présidence de M. le Dr Gilbert, Professeur à la Faculté de Médecine de Paris, membre de l'Académie de Médecine.

Discussion des rapports.

L'Unification des méthodes d'examen physique des écoliers.
Vereinheitlichung der Methoden bei der körperlichen Untersuchung in den Schulen.
Uniformity of Method for Physical Examinations in Schools.

RAPPORTEURS :

France. — MM. le Dr MÉRY, professeur agrégé à la Faculté de Médecine, médecin des hôpitaux. Paris. et le Dr L. DUFESTEL, médecin-inspecteur des écoles de la Ville de Paris. Paris.

Angleterre. — M. James KERR, M.A.. M.D., medical officer (Education), London County Council.

A 10 heures précises, inauguration officielle de l'Exposition, par M. GERVAIS, Chef de Cabinet de M. le Ministre de l'Instruction publique.

Jeudi, 4 Août.

A 9 heures du matin.

Séance plénière, sous la présidence de M. Gustave LANSON, Professeur à la Faculté des Lettres de Paris.

Discussion des rapports.

L'éducation sexuelle.
Sexuelle Erziehung.
Sexual Education.

RAPPORTEURS :

France. — M. le Dr DOLÉRIS, membre de l'Académie de Médecine.
Allemagne. — M. le Dr CHOTZEN, Breslau.

Vendredi, 5 Août.

A 9 heures du matin.

Séance plénière. présidée par M. le Dr CHANTEMESSE, professeur à la Faculté de Médecine, membre de l'Académie de Médecine.

Discussion des Rapports.

Sur la préparation et le choix du médecin scolaire.
Vorbereitung und Wahl des Schularztes.
The Training and appointement of the School Doctor.

RAPPORTEURS :

France. — M. le Dr LESIEUR. professeur agrégé à la Faculté de médecine et directeur du Bureau municipal d'Hygiène, Lyon.
Belgique. — M. le Dr VICTOR DESGUIN, membre de l'Académie de médecine, échevin de l'Instruction publique. Anvers.

Séances de Sections.

Les séances des sections seront ouvertes :

Le mercredi, à 10 heures 1/2, après l'ouverture officielle de l'exposition, Et le jeudi et le vendredi à 10 heures du matin.

Autant que possible, tous les travaux des sections auront lieu le matin de 10 heures à midi, de façon à laisser libres les après-midi.

Dans les sections dans lesquelles l'ordre du jour n'aurait pu être épuisé, la suite des communications sera renvoyée à l'après-midi. Un programme quotidien sera chaque matin distribué à MM. les congressistes.

SECTION I

Les Bâtiments et le Mobilier scolaire.

Schulgebaudc und Schulmobilien.

Educational Buildings and Furnishings.

Présidents d'honneur : Angleterre. — Sir Aston Webb, R.A., F.R.I.B.A. Thomas J. Bailey, F.R.I.B.A.

Argentine. — Pr. Francisco P. Sunico, professeur à l'Université nationale de la Plata et à l'École normale des professeurs.

Autriche. — A. Peschl, Baurat, Vienne.

Canada. — Hon. R. A. Pyne, M.D. LL.D., Minister of Education for Ontario.

France. — M. de Baudot, architecte, Paris.

Norvège. — Mr. Otto Grennes, professeur à l'Ecole municipale de Christiania.

Suisse. — Dr. Cristiani, professeur d'hygiène et directeur du Service d'hygiène du canton de Genève.

Turquie. — Dr A. Adnan.

PRÉSIDENT : M.-J. COURMONT, professeur d'hygiène à la Faculté de médecine, Lyon.

Vice-présidents : M. Weill, professeur de clinique des maladies infantiles à la Faculté de médecine, Lyon.

M. Aaugustin Rey, architecte, Paris.

Secrétaires : Angleterre. — Mr, H.D. SEARLES WOOD, F.R.I.B.A. Londres.

Autriche. — Dr. REISINGER, k.k. Oberdezirkartz. Komotau, (Bohème).

France. — M. NICOLAS, professeur à la Faculté de médecine, Lyon.
Dr LESIEUR, professeur agrégé, Lyon.

Mercredi, 3 Août.

A 10 h 1/2. — Ouverture des séances de la Section.

Discussion du Rapport

Le Casier sanitaire des écoles.
Gesundheitsregister der Schulgebäude.
Sanitary Records of the Schools.

RAPPORTEUR :

Suisse. — M. le Dr CRISTIANI, professeur à l'Université de Genève.

Communications.

MM. DESNOYERS (Paris). — Réformes à introduire dans l'agencement scolaire
et dans les programmes d'enseignement au point de vue de l'hygiène.
RICHARDOT (Paris). — L'écriture droite.
Dr P. REDARD (Paris). — Du rôle de l'écriture dans les attitudes scolaires
vicieuses.

Jeudi, 4 Août.

A 10 heures.

Discussion des Rapports

Les Bains-douches dans les écoles.
Die Brausebäder in den Schulen.
School baths and shower baths.

RAPPORTEURS :

France. — M. CAZALET, président de l'Union des Sociétés de Gymnastique de
France, Bordeaux.
Norvége. — M. Otto GREN NESS, professeur à l'École municipale, Christiania.

Communications.

MM. Aug. Rey (Paris). — L'école de l'avenir, sa construction rationnelle.

le Dʳ E. Moraff (Vienne). — Schema eines Grundisses zur einer Krankenabteilung für ein Internat von 150-200 Zöglingen in Verbindung mit einer Quarantaine-Station.

Manuel J. Alvarez (Mexico). — Les édifices d'instruction publique à Mexico.

E. Cuyer (Paris). — L'art à l'école.

Vendredi, 5 Août.

A 10 heures.

Discussion des communications

MM. le Dʳ P. Redard (Paris). — Des bancs à l'école.

V. Brudenne (Paris). — La question du mobilier scolaire,

J. Leresche (Saint-Julien-du-Sault). — Table hygiénique de M. Louis, professeur honoraire.

le Dʳ José de Jésus Gonzalez (Mexique). — Modèle économique de table-banc unitaire adaptable aux diverses tailles des enfants.

le Dʳ Boissière (Le Havre). — Pupitre et chaise scolaire.

Enrique Fernandez Castello (Mexique). — L'hygiène à l'école.

Union Amicale des Instituteurs (Haute-Vienne). — Vœux divers.

SECTION II

Hygiène des Internats.
Hygiene der Internate.
Hygiene of Residential Schools.

Présidents d'honneur : Angleterre. — Miss Dove, Hoadmistress, Wycombe Abbey Schools.

Miss Grant, St.-Léonard's School, St.-Andrews.

Mᵐᵉ B. Osterberg, Dartfort Health Physical Training Coll.

Miss Benton, South Hampstead High School.

France. — M. Paul DESCHANEL, de l'Académie Française, Député.

Hongrie. — Professeur Docteur Léo de LIEBERMANN, professeur d'hygiène publique à l'Université de Budapest.

Suisse. — Docteur F. ERISMANN, professeur, Chef du Service sanitaire de la ville de Zurich.

PRÉSIDENT : M. Jules GAUTIER, ancien Directeur de l'Enseignement secondaire, Conseiller d'État.

Vice-Présidents : Mme DEJEAN DE LA BATIE, directrice de l'École Normale Supérieure d'Institutrices (Fontenay-aux-Roses)
M. POIRIER, Proviseur honoraire.

Secrétaires : Angleterre. — Mrs. SCOTT, Godstove School, High Wycombe.
France. — M. BOUGIER, Professeur au collège Rollin, Paris.

Secrétaires-adjoints : M. MIEILLE, Professeur d'anglais au Lycée de Tarbe.
M. LABORDE, Professeur d'espagnol au Collège Rollin, Paris.
Mlle Blanche CHAUVEAU, institutrice, Paris.

Mercredi, 3 Août.
A 10 h. 1/2.

Discussion des rapports.

Des conditions hygiéniques les meilleures d'établissement d'un Internat.
Ueber die besten hygienischen Bedingungen einer Internats-Einrichtung.
The best Hygienic arrangements for Boarding Schools.

RAPPORTEURS :

France. — M. FERTÉ, proviseur du Lycée Louis-le-Grand, Paris.
Angleterre. — M. le Dr C. E. SHELLEY, Hertford.

Jeudi, 4 Août.
A 10 heures.

Discussion des rapports.

L'Hygiène des Internats de jeunes filles.
Hygiene der Mädcheninternate.
Hygiene in Boarding schools for girls.

France. — Mlle ALLEGREZ, directrice du Lycée de jeunes filles, Versailles.
Et M. le Dr BROUSSIN, Versailles.

Varsovie. — M. le Dr Waclaw GOZDZICKI, médecin scolaire.

Discussion des communications.

Dr John Wilson MOIR, M.D. (Saint-Andrews). — The practical Hygiene of a
residential School for Girls.

Miss Catherine CHISLEDLEN, M.D. (Manchester). — The Influence of the
Medical Inspector in Girls High Schools.

Vendredi, 5 Août.

Discussion des communications.

M. CALMELS (Marseille). — Sur l'organisation de l'inspection médicale obliga-
toire dans les lycées et collèges.

Miss N. E. GILLIE (Marseille). — The comparative Hygiene of Home and
School.

Thomas A. STOREY, M.D., Ph. D. (New.York). — The application of Hygiene
in the College of the City of New-York.

M. Charles A. PARKES, T. R., C. S. (Londres). — Compulsory Games of
School.

Miss Ester LAURENCE (Londres). — Free Kindergartens.

Dr JONE-WALKER. —Dietetics in School Children.

SECTION III

**Inspection médicale des écoles et dossiers sanitaires individuels.
Sanctions pratiques de leur mise en œuvre.**

**Aerztliche Schulaufsicht und personliche Gesundheitsscheine.
Die praktische Berechtigung ihrer Einführung.**

**Medical Inspection of Schools and individual Health Records.
Practical measures for actual application.**

Présidents d'honneur : Allemagne. — Geh. Medizinalrat, Dr. med. A. EULEN-
BOURG, Pr. der Neurologie, Berlin.

Angleterre. — Dr S. BARWISE.
Dr R.-H. CROWLEY.
Dr GREENWOOD.
Dr A.-H. HOGARTH.
Prof. H.-R. KENWOOD.

Argentine. — Dr Adol. VALDEZ, Chef du Corps méd. scol. nat.

Belgique. — M. le Dr V. DESGUIN, membre de l'Académie de Médecine, échevin de l'Instruction publique, Anvers.

Canada. — Sir James GRANT, M. D., M. C. M. G., Ottawa.

Cuba. — Dr Joaquin DUENAS, Chef de l'Inspection médicale des écoles, la Havane.

Danemark. — M. le Dr Poul HERTZ.

France. — M. STRAUSS, Sénateur.
M. le Dr GUIBERT, Conseiller municipal.

Hongrie. — Dr Henri SCHUSCHNY, Médecin et Professeur d'hygiène de de la Realschule du 5e arrond. Budapest.

Mexique. — Dr Manuel URIBE Y TRONCOSO, Chef du Service d'hygiène scolaire.

Norvège. — M. BENTGENT, Médecin en Chef municipal, Christiania.

Société Polonaise. — Dr Stanislas KOPCZYNSKI, délégué du Cercle des médecins scolaires, Varsovie.

Suède. — Dr B.-J. BERGQUIST, Directeur en Chef de l'Enseignement secondaire.

PRÉSIDENT : M. le D^r LE GENDRE, Médecin des hôpitaux, Paris.

Vice-Présidents : M. CRÉHANGE, agrégé, Professeur au Lycée Carnot, Paris.
M le Dr A. SIREDEY, Médecin des hôpitaux, Paris.

Secrétaires : Angleterre. — M. Meredith RICHARDS, M. D., B. S., M. R. C. S. Toffin Hall, Croydon.

Autriche. — R. R. von ROSITZKY-WILDENSCHWERDT, k. k. Sanitätsrat, Troppau.

France. — Dr GÉNÉVRIER, ancien interne des hôpitaux.
Dr RENAUD-BADET.

Mercredi, 3 Août.

A 10 h. 1/2 du matin.

Discussion des rapports.

Les rapports du médecin-inspecteur des Écoles avec les maîtres et avec les familles et leurs médecins.

Die Beziehungen der Schulärzte zu den Lehrern, zur Familie und den
Hausärzten.

The Relations between the School Medical Inspector, Teacher, Home and
Family Doctor.

RAPPORTEURS :

France : M. le Dr CAYLA, médecin inspecteur des écoles.
Italie : M. le Dr Gustavo GASPARINI, chef du Bureau d'Hygiène de la ville de
Florence.

Communications :

MM. Pr. H. CRISTIANI et Dr F. RILLIET (Genève). — La visite sanitaire indivi-
duelle des écoliers du canton de Genève.
Mme Dr W. G. MATWEIEFF (Russie) — L'organisation de l'inspection médico-
sanitaire des écoles primaires dans quelques grandes villes de
Russie.
MM. le Dr J.-J. PIGEAUD (La Haye). — Le système d'inspection médicale des
écoles de la ville de la Haye.
le Dr URIBE Y TROXCOSO (Mexico). — Organisation du Service d'hygiène
scolaire à Mexico.
le Dr Joaquin L. DUEÑAS (Cuba). — Organizacion del Servicio de inspec-
cion medica, escolar en la Ciutad de la Habana.
le Dr Clemente FERREIRA (San Paulo, Brésil). — Organisation de l'inspection médicale des écoles du Brésil.

Jeudi 4 Août.

A 10 heures.

Discussion des rapports :

Par qui doivent être faits les examens médicaux des organes spéciaux dans
les écoles ?
Soll sich die allgemeine ärztliche Untersuchung der Schulkinder auch auf
Spezialgebiete erstrecken oder sollen Spezialärzte zugezogen werden?
Who should carry out examinations of Specialist nature in schools ?

RAPPORTEURS :

France : M. le Dr STACKLER, médecin-inspecteur des écoles, Paris.
Allemagne : M. le Dr OEBBECKE, médecin municipal, Breslau.

Communications :

MM. le D⁵ Loir (Le Havre). — Organisation et fonctionnement de l'inspection médicale des écoles par le Bureau d'Hygiène du Havre.

X... — L'inspection médicale de la ville d'Alger.

le Dʳ C. Roux (Nice). — L'inspection médicale des écoles à Nice. Rôle du médecin-inspecteur qui doit être exclusivement un rôle de prophylaxie.

le Dʳ Adolf Thiele (Chemnitz). — Der Schularzt der Grosstadt und der neue Schularztordnung der Stadt Chemnitz.

le Dʳ José de Jésus Gonzalez (Mexique). — Travaux d'hygiène scolaire exécutés à Léon (Mexique).

Sir James Grant (Canada). — School inspection.

G. Persigout (La Teste-de-Buch). — L'inspection médicale et le secret médico-pédagogique.

le Dʳ Zopczynski (Varsovie). — Examen médical périodique de la jeunesse des écoles dans le royaume de Pologne et son importance au point de vue de l'hygiène et de l'éducation.

J. Klenka (Prague). — Soins pris pour le développement corporel dans les écoles tchèques du royaume de Bohême.

le Dʳ Daniel Vergara Lope (Mexique). — Une nouvelle méthode anthropométrique.

Lemonier (Paris). — Questions diverses.

Vendredi, 5 Août.

À 10 heures.

Discussion des rapports :

L'organisation de l'Inspection médicale pour les écoles de campagne.
Einrichtung der ärztlichen Aufsicht für Landschulen.
Organisation of Medical Inspection of Rural Schools.

RAPPORTEURS :

France : M. le Dʳ Gagnière, médecin-inspecteur des écoles.
Angleterre. — M. le Dʳ Francis, E. Fremantle, M. O. H. Hers County.

De l'organisation de l'Inspection médicale en France.
France. — M. le Dʳ Gourichon.

Communications :

M. G. Valran (Aix). — Le médecin scolaire.

Mˡˡᵉ Fontaine, élève de l'école des infirmières de l'Assistance publique, Paris. — Essai de « School Nursing » tenté à Paris.

le Dr FOUINEAU (Paris). — Nécessité de l'inspection médicale dans les externats secondaires.

le Dr DREYFUSS (Kaiserlautern). — Ein Vorschläg zur Vereinheitlichung der schularztlichen Statistik.

le Dr EDER (Londres). — School Clinic in London.

Lewis WILLIAMS (Londres). — The treatment of medically inspected school children.

SECTION IV

Éducation et entraînement physiques,
Physische Erziehung und Forderung persönlicher Gesundheitspflege.
Éducation and Physical Training.

Présidents d'honneur : Angleterre. — W. GRENFELL, Board of Education, White hall;
Colonel Sir MALCOLM FOX;
Surgeon BELL, R. N., Royal Naval Barracks, Portsmouth;
Miss D. WILKE, South-Western Polytechnic, Chelsea.
Miss HANKINSON, Crouch End;
MM. IMPEY, CROPTHORNE, KINGS NORTON, Birmingham.

Argentine : Professeur E. Romero BREST, directeur de l'École normale d'éducation physique.

Autriche : M. le Dr WALLENTIN, kk. k. Regierungsrat, Landesschulinspector, Vienne.

Belgique : M. le Pr. CUPERUS, Anvers.

Cuba : M. le Dr Miguel Sanchez TOLEDO, prof. de Fisiotérapia y Fisiology à la Faculté de Médecine, La Havane.

Danemark : M. K. DE KNUDSEN, inspecteur général de l'Enseignement de la gymastique.

France : M. le Dr LACHAUD, député.

Soc. Polonaise : M. le Dr Eugeniusz PIASECKI, Pr. agrégé d'hygiène scolaire, conseiller municipal, Lwow.

Suéde : M. le prof. HAGELIN, Nyköping.

PRÉSIDENT : M. CAZALET, président de l'Union des Sociétés de gymnastique de France.

Vice-Présidents. : M. le Dr GLEY, prof. au Collège de France, membre de l'Académie de Médecine;

M. C. Hébert, lieutenant de vaisseau, directeur technique des exercices physiques dans la marine, Lorient.

Secrétaires — Angleterre : M. F. C. Schrubsall, Londres.
Autriche : M. le Dr Pimmer, rédacteur à Vienne.
France : M. le commandant Converset, du 102e régiment d'infanterie.

Secrétaire-adjoint : M. Christmann, Paris.

Mercredi 3 Août.

A 10 heures 1/2 du matin.

Discussion du rapport :

L'utilité des Terrains de jeu pour les écoliers.
Ueber den Nutzen von Spielplätzen für die Schüler.
On the usefulness of Playgrounds for the scholars.

Rapporteur :

M. le Commandant Converset, du 102e régiment d'infanterie.

Communications.

MM. Eug. Piasecki (Lwow). — Organisation des jeux scolaires en Pologne.
le Dr Stefan Rottermund (Varsovie). — L'éducation physique de la jeunesse dans la Pologne russe, spécialement les jardins W. E. Rau, à Varsovie.
le Dr Kazimierz Lutoslawski (Pologne). — L'hygiène et l'éducation physique dans les règlements de la Commission de l'éducation nationale en Pologne au xviiie siècle.

Jeudi 4 Août.

A 10 heures.

Discussion des communications suivantes :

MM. Demeny (Paris). — Principe d'une nouvelle méthode de gymnastique.
Velasquez Andrade (Mexique). — L'éducation physique.
le Dr Talke (Paris). — Gymnastique rationnelle.
Miss Graham (Londres). — Physical education in Girls and Infant Departments of the Elementary schools of London.

Digby Bell, S., M. O. (Porstmouth). — Physical training in the British navy and some ideas on the physical education questiontreated universally.

Mme Lejdström (Stockholm). — La gymnastique respiratoire ou l'entraînement systématiquement disposé de la musculature respiratoire par des exercices inspiratoires et expiratoires faits au grand air comme base de l'hygiène des poumons et de la voix.

Vendredi, 5 Août

A 10 heures du matin.

Discussion des Rapports.

Le travail manuel dans les écoles (internat et externat).
Die Handarbeit in den Schulen (internat und externat).
Manual Work in schools (day and residential).

Rapporteurs :

France. — M. Turin.

Danemark. — M. Axel Dam, maître ès-sciences, directeur de l'École de travail manuel.

Communications.

MM. le Dr Eduardo Masip, Madrid. — Le travail manuel dans les écoles (internat et externat).

Bol. Blazek, (Przemysl). — Investigations sur le travail manuel à l'école.

Mlle Bl. Chauveau, Paris. — La santé de la femme et les associations féminines d'éducation physique.

Dr Poul Hertz, (Danemark). — Les malaises chez les jeunes filles, résultat de la gymnastique scolaire.

Dr Dausset, Paris. — Présentation de la fiche de la Ligue d'éducation physique.

Velasquez Andrade, (Mexique). — L'escrime de l'épée et du fleuret comme moyens d'éducation physique et gymnastique.

Dr Halls Dally, Londres. — Respiration in school children.

Allan R. Smith, Londres. — The making of heal thy men and Almond's work at Loretto.

Pr. Max Guttmann, (Vienne). — Die Körperkonstitution im Lichte moderner Forschung.

Dr R. Schnaebeck, médecin-major, Les Andelys. — L'éducation physique à l'École militaire préparatoire.

Mme Rubenstein Delanoé. — Gymnastique de l'appareil pulmonaire
avec présentation d'un appareil de M. Sygaline de Varsovie.

E. Sully (London). — The Usefuness of Play grounds.

SECTION V

**Prophylaxie des maladies contagieuses à l'école.
Maladies d'origine scolaire.**

**Vorbeugungsmassregeln gegen ansteckende Krankheiten in der Schule.
Aus dem Schulbetrieb herrührende Krankheiten.**

**The Prevention of Contagious Diseases in school, Ilness attributable
to school attendance.**

Présidents d'honneur : Allemagne. — Geh. Medizinalrat Dr. Med. C. Flügg
Professor der Hygiene ; Direktor des Klg. hygiene Universitätsinsti-
tutes, Berlin.

Reg.- u. Geh.-Medizinalrat Dr, Med. R. Wehmer, Berlin.

Autriche. — Dr. Th. Altschul, k.k., Sanitätrat, Prague.

Angleterre. — Dr. J. R. Kaye, medical officer of Health, County hall,
Wakefield.

Dr. Philipp Boobbyer, medical officer of Health, Guildhall, Nottingham.

Dr. T.H.C. Stevenson, Superintendant of statistics, Somerset house,
London.

Dr. H. Cooper Pattin, medical officer of Health, municipal, Buildings,
Norwich.

Cuba. — Dr. Rafael Gutierrez y Bueno, inspecteur des écoles la Havane.

France. — Dr. Baumel, professeur de clinique des maladies des enfants à
l'Université de Montpellier, membre correspondant de l'Académie de
médecine.

Dr Bonnet, professeur agrégé, à l'école de médecine, Marseille.

Pr Haushalter, professeur de maladies des enfants, Nancy.

Dr Lannelongue, professeur de clinique à la Faculté de médecine,
membre de l'Institut, sénateur.

Suède. — D.C. Springchorn, proviseur à Malmoé.

Pays-Bas. — M. Memmo Huizinga, directeur du service sanitaire à Amsterdam.

Norvège. — M. le Dr JOHANNESSEN, professeur à l'Université, Christiania.
Suisse. — Dr. SILBERSCHMIDT, professeur d'hygiène scolaire à l'Université, Zurich.

PRÉSIDENT. — M. HUTINEL, professeur de clinique infantile à la Faculté de médecine de Paris.

Vice-présidents. — Dr RICHARDIÈRE, médecin des hopitaux de Paris.
Dr L. GUINON, médecin des hôpitaux, Paris.

Secrétaires : Angleterre. — C. J. THOMAS. M.B., B.Sc, D.P.H., medical officers department, London County Council Education offices, Londres.
Autriche. — Dr. M.A. RUDNIK, k.k. Sanitätsrat, Landes-Sanitätsinspektor, Czernowitz.
France. — Dr NOBÉCOURT, professeur agrégé à la Faculté de médecine.
Secrétaire-adjoint. — Dr ROGER VOISIN, ancien chef de clinique.

Mercredi, 3 Août
A 10 h. 1/2.

Discussion des rapports.

Les maladies parasitaires des téguments à l'Ecole.
Die parasitären Hautkrankheiten in der Schule.
Parasitic Diseases of the skin in school,

RAPPORTEURS :

France. — M. le Dr JEANSELME, professeur agrégé à la Faculté de Médecine, médecin des Hôpitaux.
Allemagne. — M. le Dr MEIROWSKY, Spezialartz für Hautkrankheiten, Cologne.

Communications.

Mme GEST (Le Havre). — Lutte contre la phtiriase dans les écoles de la ville du Havre.
M. le Dr ECKENSTEIN (Londres). — La syphilis héréditaire dans le milieu scolaire : importance du diagnostic précoce.

Jeudi 4 Août.
A 10 heures.

Discussion des rapports :

La surveillance des écoliers contagieux en dehors de l'école Conditions de leur réadmission à l'école.
Ueberwachung der ansteckenden Krankheiten leidenden Schüler ausserhalb der Schule. Bedingungen für ihre Wiederzulassung zur Schule.

The Superintendence of Infected children when out of school and the Conditions of their readmission to school.

RAPPORTEURS :

France. — M. le Dr Prosper MERKLEN, ancien interne des Hôpitaux, Paris.

États-Unis. — M. le Dr THOMAS, F. HARRINGTON, director of physical Training and Athletica, director department of School Hygiene, Boston Public Schools.

Communications.

MM. le Dr Eugène LATAPI (Mexique). — Moyens de protection pour éviter la contagion de maladies d'origine scolaire.

le Dr MAZANEK (Bohème). — Prophylaxie des maladies contagieuses dans les écoles.

le Pr. GW. KHLOPINE (Russie) — Les maladies scolaires parmi les élèves des institutions scolaires secondaires du Ministère russe de l'Instruction publique (114.000 élèves soumis à l'examen des médecins scolaires).

le Dr Kossowicz (Vienne). — La désinfection des livres et des bibliothèques à l'usage des écoles.

le Dr P. REDARD (Paris). — Du traitement des déviations de la colonne vertébrale.

le Dr Gilbert HARE (Londres). — Desinfection of Schools.

Vendredi 5 Août.

A 10 heures.

Discussion des rapports :

Des moyens de protéger les familles contre les maladies contagieuses d'origine scolaire.

Ueber die Mittel zum Schutze der Familie gegen ansteckende Krankheiten, die von der Schule herstammen.

Means of Protecting households from contagious school Diseases.

RAPPORTEURS :

France. — M. le Dr GILLET, ancien interne des Hôpitaux, médecin-inspecteur des écoles, Paris.

Autriche. — M. le Dr Alois LODE, k. k. Sanitätsrat, o. Ö. Professor und Vorstand des Hygienischen Institutes an der k. k. Universität, Innsbruck.

L'enseignement antimalarique dans les écoles et la prophylaxie antimalarique des écoliers.

Unterweisung zur Verhütung von Malaria in Schulen und Prophylaxe zu

Gunsten der Schüler.

The teaching of prevention of malaria in schools and the protection of
scholars against malaria.

Rapporteur :

Italie. — M. le Pr. Cacace (Capua).

Communications.

MM. A. Trochet, instituteur (Arnage). — Le balayage des classes. La vaccine.
le Dr Barlerin (Paris). — La pratique des revaccination dans les écoles
de Paris.
le Dr Jésus E. Monjaras (Mexique). — Traitement au moyen des appareils
« Zander » de quelques-unes des causes empêchant le développement
harmonieux de l'enfant et affectant l'index physiologique de ses
fonctions.
le Dr Sisto (Buenos-Aires). — Les établissements d'hygiène scolaire
préventive : leur but, leur importance et leur nécessité. La copa de
leche (la tasse de lait) : son histoire, organisation et développement
dans les écoles de la République Argentine et spécialement dans
celles de Buenos-Aires.

SECTION VI

**L'hygiène en dehors de l'école. — Écoles de plein air.
Colonies de vacances, etc.**

**Die Hygiene ausserhalb der Schule. Freiluftschulen. Ferienkolonien.
Out of School Hygiene. Open Air Schools. Vacation Colonies.**

Présidents d'honneur : Angleterre. — Sir W. Watson Cheyne. Bart., C. B.,
F. R. S.
Prof. George F. Still, M. A., M. D., F. R. C. P.
Arthur J. Hall, M. A., M. D., F. R. C. P.
Ralph H. Crowley, M. D., M. R. C. P.
Frédérick Rose, M. A., Ph. D.
Mrs. Humphrey Word.

Allemagne. — F. Dorn, Realschuldirektor, Liebigrealschule Frankfurt a/M.,
Bockenheim.
Dr. Neufert, Stadtschulrat, Charlottenbourg.

Argentine. — Dr. H. Gonzales del Solor, vocal du corps médical scolaire
natural.

Cuba. — Dr. Manuel DELFIN, medico de ninos.

Danemark. — M. le Professeur JESSEN, médecin des écoles, Copenhague.

France. — M. G. CAZES, Censeur de la Banque de France, fondateur et ancien Président de l'Association des Anciens Élèves du Collège de Perpignan.

M. le pasteur COMTE, Secrétaire général fondateur des OEuvres des Enfants à la Montagne, et Secrétaire de la Ligue de la Moralité publique.

M. HERRIOT, Maire de Lyon.

M. MASSELIN, adjoint au Maire, Le Havre.

M. RÉBEILLARD, Président de la Commission de l'Enseignement, Conseiller municipal, Paris.

Mlle Julie SIEGFRIED.

Pays-Bas. — Dr. J.-J. PIGEAUD, médecin-inspecteur des écoles de la Haye, Président de la Société des Médecins-Inspecteurs des Pays-Bas.

Suisse. — Dr. Alb. BURCKHARDT, Professeur d'hygiène à l'Université, Bâle.

PRÉSIDENT : M. Édouard PETIT, Inspecteur général de l'enseignement primaire.

Vice-Présidents : M. G. LA FLIZE, Professeur au Lycée Lakanal.

M. PIZON, Professeur au Lycée Janson-de-Sailly, Docteur ès-sciences, adjoint au Maire du XVIe arrondissement.

Secrétaires : *Angleterre.* — Ralph P. WILLIAMS, M.D., D.P.H., Education Office, Sheffield.

France. — M. BAUDRILLARD, Inspecteur primaire, Paris.

Secrétaires-adjoints : M. Pascal GUÉBIN, licencié.

M. Georges ROTH, licencié.

Mercredi 3 Août.

A 10 heures 1/2 du matin.

Discussion des rapports.

Sur les Écoles de Plein Air et les écoliers qui doivent en bénéficier.

Ueber Freiluftschulen und die Schüler, die denselben zugeführt werden sollen.

Open Air Schools and the Pupils who should benefit from them.

Rapporteurs :

France. — M. Lacare-Plasteg, Inspecteur de l'Enseignement primaire.

États-Unis. — M. le Dr T. M. Balliet, Ph. D., Dean of the School of Pedagogy, New-York University, Washington Square, New-York.

Discussion de la communication :

M. le Dr John W. Brannan : Les Écoles de Plein Air dans les États-Unis (avec projections).

———

Jeudi 4 Août.

A 10 heures du matin.

Discussion des rapports.

France. — M. Demest, Directeur d'École primaire, Paris.

Autriche. — M. le Dr Vlastimil Klima, k. k. Bezirksarzt, Prague, Bohême.

Discussion des communications.

M. Masselin. — Les colonies scolaires du Havre.

Ville de Nantes. — Colonies scolaires de vacances : organisation et fonctionnement.

Pr. Wlad. Hubert (Russie). — Les colonies scolaires en Russie.

Mme Clara Tluchor (Vienne). — Communication concernant les stations de récréation pendant la journée pour les écoliers de Vienne.

———

Vendredi 5 Août.

A 10 heures du matin.

Discussion des rapports.

Sur les horaires et emploi du temps des Écoles de Plein Air.
Stundenplan und Zeitverwendung in den Freiluftschulen.
Time Tables and Occupations in Open Air Schools.

France. — M. le Dr Vigne, chef de laboratoire au Bureau municipal d'Hygiène, Lyon.

Hongrie. — M. le Dr Armin Bexheft, Professeur d'Hygiène, Budapest.

Discussion des communications.

MM. le Dr Randi (Padoue). — Lieux de récréation et Écoles de Plein Air.
Reginald Kirby. — The design and construction of open air school.
le Dr F. Madeuf. — L'École et l'Hivernage des Enfants.
Durot. — L'École de Plein Air de Montigny-sur-Leing et celle de Paris.

———

SECTION VII

**Le corps enseignant : son hygiène, ses relations avec les familles
et le médecin scolaire.**

**Der Lehrkorper : seine Hygiene, sein Beziehungen zur Familie
und zu den Schularzten.**

**The Teaching Staff : their Hygiene, their Relations with the Homes
and with the School Doctor.**

Présidents d'honneur : Allemagne. — Geh. MEDIZINALRAT Pr. Dr. Med. E·
Wernicke, Director des hygien. Institute, Posen.

Cuba. — Dr. Manuel VALES RODRIGUEZ, director del Cologes " Hoyo y
Junco ", la Havane.

France. — M. le Professeur CALMETTE, Directeur de l'Institut Pasteur,
Lille.

M. PEYROT, sénateur.

Pays-Bas. — Dr. J.-D. van der PLAATS, Dr. de chimie à l'École vétérinaire
d'Utrecht, Président de la Société V. E. O. pour la simplification et
l'amélioration des examens et de l'enseignement, Secrétaire de la
Commission sanitaire d'Utrecht.

PRÉSIDENT : M. G. LYON, Recteur de l'Université de Lille.

Vice-Présidents : M. LEFÈVRE, Doyen de la Faculté des Lettres, Lille.

M. le Dr OUI, Professeur d'accouchements et d'hygiène de la première
enfance à la Faculté de Médecine, Lille.

Secrétaires : Autriche. — M. A. TLUCHOV, Burgerschullehrer, Vienne.

France. — M. BRETON, Professeur agrégé, Lille.

Secrétaire-adjoint : M. CLIPPET, Conservateur du Musée pédagogique, Lille.

Mercredi, 3 Août.

A 10 heures 1/2 du matin.

Discussion des rapports.

Les Examens d'aptitude physique des candidats à l'Enseignement.

Untersuchungen über die physische Konstitution der Lehramtskandidaten.

Examination of Physical capacity of candidates for the Teaching Pro-
fession.

Rapporteurs :

France. — M. le Dr Breton, Professeur agrégé à la Faculté de Médecine, Lille.

Angleterre. — M. le Dr R. L. Williamson, Victoria University, Manchester.

Discussion de la communication.

M. le Dr G. H. Paschayan Khan (Turquie). — L'hygiène du corps enseignant.

Jeudi 4 Août.

A 10 heures du matin.

Discussion des rapports.

Les rapports des maîtres et des familles; leur organisation pratique.

Beziehungen zwischen Lehrkorper und Familie. Pflege solcher Beziehungen in der Praxis.

Relations of Teachers to the Parents and their Practical aspects.

Rapporteurs :

France. — M. le Dr Oui, Professeur à la Faculté de Médecine, Lille.

Allemagne. — M. Jos. Berninger, Lehrer, Wiesbaden.

Discussion des communications.

MM. le Dr Tluchor (Vienne). — Les conférences pédagogiques aux parents et leur importance pour la propagation de l'hygiène et de l'éducation.

le Dr Zahor. — Les relations du médecin scolaire avec les maîtres d'école, les parents et les médecins de famille en général et avec le service sanitaire en particulier.

le Dr Broudic (Paris). — Les cantines scolaires des écoles maternelles.

Vendredi 5 Août.

A 10 heures du matin.

Discussion des rapports.

Collaboration du médecin et du maître en hygiène scolaire.

Mittwirkung der Aerzte und des Lehrkorpers in der Pflege de Schulhygiene.

Cooadination between the Doctor and Teacher in School Hygiene.

France. — M. le Dr Déléarde, agrégé libre à la Faculté de Médecine de Lille.

Autriche. — M. le Dr Théodore ALTSCHUL, k. k. Obersanitatrat, Prague (Bohême).

Discussion des communications.

MM. le Pr Max GUTTMANN. — Die Korperkonstitution im Lichte moderner Forschung.

le Dr ALMOND. — The making of healty Men.

le Dr MERCHIER (Lille). — Les travaux de la section Lilloise au Congrès d'Éducation familiale.

SECTION VIII

Enseignement de l'hygiène aux maîtres, aux élèves et aux familles

Hygienische Unterweisungen für Lehrer, Schüler und Familie.

Teaching of Hygiene to Teachers, Scholars and Parents.

Présidents d'honneur : Angleterre. — Miss TUKE, Bedford College for Women, Londres.

Miss PAITHFULL, Ladies College, Cheltenham.

Miss OAKELEY, King's College for Women, Londres.

Dr SOMERVILLE. King's College, Strand, W. C.

Pr SIMPSON, London.

SURGEON-GENERAL EWATT, Junior United Service.

CLUB, St-James', W.

Autriche. — P. BARANOWSKI, k. k. Hofrat d. R., Lemberg.

Cuba. — Dr ALFREDO M. AGUAYO. Pr. de Pedagogia en la Universidad de la Habana.

France. — M. CAVALIER, recteur de l'Académie, Poitiers.

Hongrie Dr Gustave de RIXGLER, professeur d'hygiène publique à l'Université de Kolozsvar.

Pays-Bas. — Dr W. F. UNIA STEYN PARVÉ. médecin inspecteur des écoles de Deventer.

Suisse, — Dr MORAX, chef du service sanitaire du canton de Vaud, Vice-Président du Conseil de santé et des Hospices.

Dr F. SCHMID, directeur du service sanitaire fédéral Suisse et président de la Société Suisse d'hygiène scolaire, Berne.

PRÉSIDENT : Dr PINARD. professeur à la Faculté de Médecine de Paris, membre de l'Académie de Médecine.

Vice-Présidents : Dr A. Broca, professeur agrégé à la Faculté de Médecine, chirurgien de l'hôpital des Enfants Malades.

Dr H. Triboulet, médecin de l'hôpital Trousseau.

Secrétaires : Angleterre. — Miss Alice Ravenhill, London.

Autriche. — Dr L, Hojnacki, Praktischer Arzt, Lemberg.

France. — Dr Le Masson, chef de clinique, adjoint de la Faculté de Médecine.

Secrétaire-adjoint : Dr Cazeaux, chef de laboraratoire de la Faculté de Médecine.

Mercredi 3 Aoüt.

A 10 1/2 du matin.

Discussion des Rapports.

L'enseignement de la puériculture aux maitresses et aux élèves.

Unterweisung der Lehrerinnen und Schülerinnen in der Kleinkindererziehung.

Teaching of Infant reaving to Mistresses and Pupils.

France. — M. le Dr Frumnxsholz, agrégé à la Faculté de Médecine, Nancy.

Angleterre. — M. Alderman B. Broadbent. M. A. J. P., Gatesgarth Lindley Huddersfield.

Discussion des communications

M. David Sommerville (Londres). — The teaching of hygiene.

M. Mary D. Sturge M. D. (Birmingham). — Temperance teaching in our schools.

Dr Zollinger (Suisse). — Welche Pflichten erwachten der Oeffentlichkeit von Standpunnkt der Schulhygiene aus dem Schulzwang.

Dr Joaquin G. Gosio (Mexique). — De la nécessité de donner aux maitres d'école des notions suffisantes d'hygiène scolaire.

Alfonso Pruneda (Mexique). — La propagande antialcoolique dans les écoles primaires fédérales du Mexique.

Jeudi 4 Aoüt.

A 10 heures du matin.

Discussion des rapports.

L'enseignement anti alcoolique à l'école.

Unterweisungen der Schüler über die Wirkungen des Alkohols.

Temperance Teaching in School.

France. — M. le Dr Pissavy, médecin des hôpitaux.

Suède — M. P. H. Hagelin, docteur ès-lettres, professeur de Lycée, Nyköping.

Discussion des communications

Pr Dr Ernesto Cacace (Capoue). — L'insegnamento d'igiene della prima infanzia e della scuola nell' Istituto Nipoiogienico di Capuo.

M. Walter N. Edwards (Londres). — Temperance teaching in the school.

Miss Maud Curwen (Londres). — The necessity of giving teachers a sufficient knowledge of school hygiene.

Carstair Denglas (Glasgow). — Some general observations regarding the training of teachers in hygiene.

Mlle Munie (Paris). — L'enseignement de la médication familiale.

Dr Zollinger (Suisse). — Quels devoirs causés par l'obligation scolaire incombent à l'état et aux communes en vue des préceptes de l'hygiène scolaire.

Vendredi 5 Août.

A 10 heures du matin.

Discussion des rapports.

Nécessité de donner aux maîtres des notions suffisantes d'Hygiène scolaire.
Ueber die Notwendigkeit und die Art schulhygienischer Unterweisungen der Lehramtskandidaten und Lehrer.
The Necessity of giving Teachers a sufficient knowledge of School Hygiene.

Rapporteurs :

France. — M. le Dr J. Hallé, médecin des hôpitaux, Paris.

Allemagne. — Geheimer Med. Rat. Professor Dr E. Wernicke, Direktor des Hygienischen Instituts, Posen.

Discussion des communications

Miss M. R. N. Holmer (Londres). — The necessity for giving teachers a sufficient knowledge of school hygiene.

Miss Wilena Hitching (Leeds). — The teaching of infant rearing to mistresses and pupils.

Miss Elizabeth P. Hughes (Cambridge). — The training of girls in the care of young children.

Dr Phil. Ch. Roller (Darmstadt). — Enseignement de l'hygiène aux élèves dans les écoles du XVIIIe siècle.

Pr O. Bujwid (Cracovie). — Programme de l'instruction pour les écoles des différents types.

Dr Broudic (Paris). — De l'enseignement pratique de la puériculture aux élèves des écoles professionnelles.

SECTION IX

Les programmes et les méthodes d'enseignement dans leur rapport avec l'hygiène scolaire.

Beziehungen der Lehrmethoden und-Anordnungen zur Schulhygiene.

Teaching Methods and Syllabuses in Relation to School Hygiene.

Présidents d'honneur : Allemagne. — Pr. Dr Eichoff, Mitglied des Deutschen Reichstages et des Preuss. Hauses der Abgeordneten, Remscheid.

Angleterre. — S. H. Cloudsley Brereton, M. A.;
Marshall Jackmay, M. A.:
Pr. C. Spearman, Ph. D.;
H. G. Armstrong, M.R.C.S., L.S.A.

Argentine. — Dr Antonio Vidal, chef de la section scolaire du département d'hygiène.

Autriche. — Dr Simionovici, k. k. Landesschulinspector Czernowitz, Bukovine.

Belgique. — Mlle Dr Joteyko, directrice du laboratoire de Pädologie, Bruxelles;
Dr Schuyten, directeur du laboratoire de Pädologie, Anvers.

Cuba. — Dr Eduardo F. Pla, director del Instituto de Segunda Enseñanza, La Havane.

France. — M. Bedorez, directeur de l'Enseignement de la ville de Paris;
M. Binet, directeur du laboratoire de psychologie à la Sorbonne;
M. Ferdinand Buisson, député, ancien directeur de l'enseignement primaire;
M. Croiset, doyen de la Faculté des Lettres, Paris;
M. Thamin, recteur de l'Académie de Bordeaux.

Hongrie. — M. Sigismond Szuppan, conseiller royal, directeur de l'Académie commerciale, Budapest.

Norvège. — M. Roeuer, recteur de l'école de la Cathédrale, Christiania.

Pays-Bas. — Dr J. S. Gunning Wzn, inspecteur d'école primaire, privat docent de Pédagogie de l'Université d'Amsterdam.

PRÉSIDENT. — M. Gustave LANSON, professeur à la Faculté des Lettres de
   Paris.

Vice-Présidents. — M. MALAPERT, professeur au Lycée Louis-le-Grand ;
   M. le Dr MOSNY, membre de l'Académie de Médecine, médecin des
   Hôpitaux.

Secrétaires : Angleterre. — Pr. J. Edgar M. A., The University, St-Andrews,
   Scotland.

   France. — M. le Dr Louis VIEL ;
   M. DIGARD, instituteur.

Mercredi, 3 Août.

À 10 heures 1/2.

Discussion des rapports.

Établissement d'un horaire normal pour les enfants des différents âges
   scolaires.

Aufstellung und Einrichtung von Normalstundenplänen für die verchiedenen
   Altersstufen der Schüler.

Fixing of Standard times tables for children of different School Ages.

France. — M. le Dr CHAILLOU, ancien interne des Hôpitaux, Paris.

Allemagne. — M. le Dr KEMSIES, director der Oberrealschule in Weissensee.
   Berlin.

Discussion des communications.

MM. le Dr JEANNEL. — Expériences sur la fatigue d'esprit de la jeunesse des
   écoles de Prague.

   Manuel Velasquez ANDRADE (Mexique). — Pédagogie sexuelle.

   le Dr Charles ULLMANN (Vienne). — Nos récents progrès dans la question
   d'éducation sexuelle hygiénique de notre jeunesse.

   le Dr R. FLACHS (Dresde). — Die Stellung der Schüle zur sexuellen
   Pädagogik.

   le Dr Karl ULLMANN (Vienne. — Weitere Schritte der Frage einer sexuell
   hygienischen Erziehüng unserer Schuljugend.

Jeudi, 4 Août.

A 10 heures du matin.

Discussion des rapports.

L'inattention : ses causes, ses remèdes. Moyens de la combattre. Des circonstances qui la favorisent dans les plans d'études et les méthodes d'enseignement.

Die Unaufmerksamkeit : ihre Ursachen und die Mittel zu ihrer Bekämpfung. Ueber die Umstände in Lehrplan und Unterrichtsmethode, welche die Unaufmerksamkeit begünstigen.

The Causes and Remedies of Inattention. Circumstances causing it in Time table arrangements and Teaching methodes.

France. — M. Mendousse, docteur ès-lettres, professeur de philosophie, Lycée Gassendi, Digne (Basses-Alpes).

Belgique. — M. le Dr professeur Schuyten, Anvers.

Discussion des communications.

MM. le Dr Arnold Brandeis (Prague). — Die Qualifikation der Ermüdung.

le Dr W. Weichardt (Erlangen) und F. Lorentz, Lehrer (Berlin). — Moderne Ermüdungsforschung und ihre Anwendung bei schulhygienischen Untersuchungen.

le Dr Miguel Marquez (Brésil). — L'inattention. Ses causes et moyens de les combattre.

le Dr Maurice de Fleury. — Mémoire et intelligence d'écoliers.

Adolphe Obst (Prague). — Les moyens de restreindre l'inattention pendant l'enseignement des écoliers.

le Dr E. Weigert (Lyon). — Essai de classification des enfants paresseux.

Vendredi, 5 Août.

A 10 heures du matin.

Discussion des rapports.

Inconvénients et avantages de la dissémination ou de la concentration des matières d'enseignement dans l'établissement des programmes.

Nachteile und Vorzüge der Verbreiterung und der Einengung der Unterrichtsstoffe bei Aufstellung der Lehrpläne.

Advantages and Disadvantages of Distributing or Concentrating lessons in planning Time tables.

France. — M. Lévy-Vogue, professeur au Lycée Saint-Louis.

Suisse. — M. Clerc, directeur de l'École normale des instituteurs, Neufchatel.

Discussion des communications.

Mrs. Isabelle WHITE WALLIS. — A Sketch of the educational methods of various countries.

MM. LITTLETON (Londres). — School studies and health.

le Dr W. H. D. RONSE. — Intellectuel health in the school.

Alfred A. MUMFORD, M. D. (Manchester). — A study of the causes which lead to a divergence between scholastic attainment and calendar age among 870 boys at the Manchester Grammar School.

le Dr LECAPLAIN (Paris). — Le surmenage scolaire.

le Dr J.-A. RIVIÈRE (Paris). — Hygiène et éducation du système nerveux chez l'écolier.

Mme Aniela SZYC (Pologne). — La pédologie en Pologne.

le Pr. A.-P. NETCHAIEFF (Pologne). — La pédologie en Pologne.

SECTION X

Écoles spéciales pour les anormaux.
Sonderschulen für anormale Kinder.
Special Schools for Abnormal Children.

Présidents d'honneur : Allemagne. — M. le directeur TRUPER, Sophienhöhe, Iéna.

Angleterre. — Mrs. E. M. BUGWIN.

Dr. R. Langdon DOWN.

Miss DENDY.

Dr. W. R. DAWSON.

Dr. Archibald DOUGLAS.

Mrs. Hume PINSENT.

Argentine. — Dr. Ambrosio QUADRI, directeur du Corps médical scolaire de la province de Buenos-Ayres.

Cuba. — Dr. Gonzalo AROSTEGUI, medico de la Maternidad, la Havane.

France. — Dr Gilbert BALLET, Professeur à la Faculté de médecine de Paris.

M. BRUMAN, conseiller d'État.

M. COLLIGNON, directeur de l'Institution nationale des sourds-muets, Paris.

M. MIRMAN, directeur de l'Assistance publique et de l'hygiène au ministère de l'Intérieur.

Hollande. — M. A.-J. Schreuder, directeur de l'Institut médico-pédagogique Klein Warnsborn, Arnhem.

Norvège. — Dr Holmboe, médecin en chef de l'Administration publique, Christiana.

Suisse. — M. Ed. Quartier-la-Tente, conseiller d'État, chef du Département de l'Instruction publique, Neuchatel.

PRÉSIDENT : M. GASQUET, directeur de l'enseignement primaire au Ministère de l'Instruction publique.

Vice-Présidents : M. Régis, professeur à la Faculté de médecine, Bordeaux. Dr Beauvisage, professeur à la Faculté de médecine, Lyon.

Secrétaires : Angleterre. — Mr. G.-E. Shuttleworth, B.A., M.A., M.R.C.S., L.S.A., Parkholme, East Sheen, SW.

France. — Dr G. Paul Boncour, médecin de l'école Th. Roussel. Dr Jean Philippe, chef du laboratoire de Psychologie à la Sorbonne.

Mercredi, 3 Août.

A 10 heures 1/2 du matin.

Discussion des rapports.

Les avantages et inconvénients des différents types d'établissements pour les anormaux psychiques.

Vorzüge und Nachteile der verschiedenen Anstaltstypen für psychisch anormale Kinder.

The various Types of Schools for Mentally Abnormal Children. Their advantages and disadvantages.

France. — M. Sennelier, directeur d'École à Paris.

Hollande. — M. Schreuder, la Haye.

Discussion des communications.

Mr. G.-B. Dodds (Londres). — Special schools for elder mentally defective boys.

Mr. Hume Pinsent (Birmingham). — The results of special school education as shown in the Report of the Royal Commission on the care and control of the feeble minded.

Miss Dendy (Withington). — On the advantage of training defective children for after-care in a colony.

Dr Manheimer Gommes. (Paris). — L'école d'arriérés à la campagne.

Jeudi, 4 Août.
A 10 heures du matin.

Discussion des rapports.

Rôle du médecin et sa collaboration avec le maître dans les Classes et
Écoles d'anormaux psychiques.

Aufgaben des Arztes und dessen Mitwirkung im Lehrkörper der Klas-
sen und Schulen für psychisch anormale Kinder.

The Doctor and Teacher and their collaboration in schools for the Mentally Defective.

France. — Dʳ J. ABADIE, professeur agrégé à la Faculté de médecine, médecin
des hôpitaux, Bordeaux.

M. le Dʳ H. DUMORA, ancien chef de clinique à la Faculté de médecine,
Bordeaux.

M. le Dʳ JACQUIN, Bordeaux.

Angleterre. — M. le Dʳ Géo E. SHUTTLEWORTH, Londres.

Discussion des communications.

Miss J. Thompson SMART, M.D. (New-York). — The problem of mental defi-
ciency in the public schools of the city of New-York.

Mr. H. GODDARD (Vineland, N.-Jersey). — Heredity as a factor in the problem
of the feeble minded child

Dʳ René CRUCHET (Bordeaux). — L'enseignement pédagogique des anormaux
dans les hôpitaux-écoles.

Dʳ G. Paul BONCOUR (Paris). — Les tics chez l'écolier et leur signification
pédagogique.

Dʳ Eraclie STERIAN (Govova). — Les causes et les moyens de prévenir les per-
versions de la génitalité (l'onanisme et l'homosexualité).

Vendredi, 5 Août.
A 10 heures du matin.

Discussion des rapports.

Plan et Programme d'Instruction et d'Éducation pour anormaux psychiques des Écoles.

Unterrichtsplane und Erziehungsmethoden für psychisch Anormale in den
Schulen.

The Time table arrangements for instruction of Mentally Defective Children in Special Schools.

France. — M. le Dr BEAUVISAGE, sénateur, professeur à la Faculté de Médecine, Lyon.

Italie. — Dr Gius.-Ferruccio MONTESANO, libero docente di clinica Pschiciatria, Roma.

Mlle PARISI.

Discussion des communications

Mr. J.M. JAMES (Liverpool). — How Liverpool cares for her mentally defective children.

Mr. Archibald R. DOUGLAS (Lancaster). — The training or the imbecile in institutions and special schools.

Mr. J.-H. JUDD (Heaton Moor). — The arts and crafts problem in special schools with special reference to subsequent vocational application.

Dr BOYER et Dr G. PAUL BONCOUR (Paris). — La gymnastique orthophrénique.

Dr CONTET (Paris). — La pratique des jeux et de certains sports considérée au point de vue spécial du développement psychique et de l'utilisation rationnelle de certains d'entre eux pour les écoles d'anormaux.

SECTION XI

Hygiène de la Vue, de l'Ouïe, de la Bouche et des Dents dans les Écoles.
Hygiene des Gesitchts, des Gehors, des Mundes und der Zahne.
Hygiene of eye, ear, mouth and teeth.

PRÉSIDENT : M. TRUC, professeur de clinique ophtalmologique à la Faculté de Médecine de Montpellier.

Ire Sous-Section.

Hygiène de la vue dans les Écoles.
Hygiene des Gesichts.
Hygiene of the eye.

Présidents d'honneur : Argentine. — M. le Professeur T.-A. MOUET, professeur à la Faculté de Médecine et membre du corps médical scolaire, Buenos-Ayres.

France. — M. le Professeur de LAPERSONNE, professeur de la Faculté de Médecine de Paris.

M. PÉPHAU, directeur honoraire de l'hospice national des Quinze-Vingts, le Vésinet.

Suisse. — Dr Auguste DUFOUR, Lausanne.

Suisse. — Dr. F. STOCKER, oculiste, Lucerne.

PRÉSIDENT : M. TRUC, Professeur de Clinique ophtalmologique à la Faculté de Médecine de Montpellier.

Vice-Présidents : Dr ROHMER. Professeur de Clinique Ophtalmologique à la Faculté de Médecine, Nancy.
Dr LE PRINCE, Bourges.
Secrétaires : Angleterre. — Mr. A. BRONNER, M. D., M. R. C. S., Bradford, Yorkshire.
Autriche. — M. F. PLEIER, Bürgerschuldirektor, Karlsbad.
France. — Dr CAUDRON, médecin-inspecteur des écoles de Paris.
Dr BÉRARD. Angoulème.

Mercredi, 3 Août.

A 10 h. 1/2 du matin.

Discussion des Rapports.

L'éclairage scolaire.
Beleuchtung der Schulräume.
Lighting of Schools.

France (éclairage naturel). — M. le Dr TRUC, professeur de clinique ophtalmologique à la Faculté de Médecine, Montpellier.

Belgique (éclairage artificiel). — M. le Dr DE METZ, Anvers.

Discussion de la communication.

Dr. von Frantz PLEIER (Karlsbad). — Prüfung des Helligkeitsuzstandes von Schülerplatzen.

Jeudi, 4 Août.

A 10 heures du matin.

Discussion des rapports.

La myopie scolaire.
Schülerkurzsichtigkeit.
Shortsighted scholars.

France. — M. le Dr LE PRINCE, Bourges.
Suisse. — M. le Dr Auguste DUFOUR. Lausanne.

Discussion des communications.

Dr. Britz ask, Lund (Suède). — La diminution de la myopie dans les lycées suédois.

Dr. Daniel Diaz (Mexique). — La myopie des étudiants.

Dr. José de Jésus Gonzalez. — Fréquence des amétropies parmi les écoliers de la ville Léon (Mexique). L'école a-t-elle eu quelque influence sur son développement.

Dr. E. Rolland (Toulouse). — Pourquoi la prévention de la myopie et de la scoliose scolaires n'a pas encore donné partout les résultats individuels et sociaux dont elle est si capable?

Melle Varia Kipiani (Pologne). — La lecture et l'écriture symétriques comme moyen de prophylaxie vis-à-vis de la myopie et de la scoliose.

Vendredi 5 Août

A 10 heures du matin.

Discussion des Rapports.

Rapports des affections ou troubles oculaires externes avec la scolarité primaire.

Beziehungen von Schule und Augenbeschwerden.

Relations between the troubles of eyesight and school attendance.

France. — M. le Dr Frenkel, professeur de clinique ophtalmologique à la Faculté de médecine, Toulouse.

Russie. — M. le Dr R.-A. Katz, Saint-Pétersbourg.

Discussion des Communications.

IIᵉ Sous-Section.

Hygiène de l'ouïe dans les Écoles.

Hygiène des Gehors.

Hygiene of ear.

Présidents d'honneurs : Angleterre. — Mrs. Wilton Phipps.

Assur. H. Moses.

B. St. John Ackers.

Sir Henry Bemrose, J. P.

Dr Richard Elliot.

Dr. Kerr Love.

Autriche. — Dr G. ALEXANDER, Universitatsprofessor, Vienne.

Cuba. — Dr Carlos DESVERNINE, espécialista en laringologia.

France. — Dr GELLÉ père, Paris.

Hollande. — M. F. H. QUIX, privat-docent à l'Université d'Utrecth.

Vice-Présidents. — M. le Dr MOURE, professeur de clinique de maladies du larynx, des oreilles et du nez à la Faculté de médecine de Bordeaux.

M. le Dr MOURET, Professeur-Adjoint à la faculté de médecine de Montpellier.

Secrétaires : Angleterre. — Mr. Macleod YEARSLEY, F. R. G. S., Londres.

France. — M. le Dr TEXIER, Nantes.

M. le Dr EGGER, Paris.

Mercredi 3 Août

A 10 h. 1/2 du matin.

Discussion des Rapports.

La mesure de l'acuité auditive chez les Écoliers. (Valeur pratique des différents procédés usuels ou spéciaux d'acoumétrie : montre, parole, diapason, phonographe, sonomètre etc.).

Messung des Hörvermögens bei Schulkindern.

How to measure the hearing power of schoolchildren.

France. — M. le Dr GELLÉ fils, Paris.

Belgique. — M. le Dr HENNEBERT, Bruxelles.

Discussion des Communications.

M. le Dr GROSSELIN, Paris. — Rôle de la Phonimie.

M. BANKS RAFFLE, Londres. — Ear disease amongst School Children.

Miss Elsie FOGERTY, Londres. — The value of Speech training to the individual.

Jeudi, 4 Août.

A 10 heures du matin.

Discussion des Rapports.

Prophylaxie de la Surdité chez les enfants des Écoles.

Prophylaxe der Taubheit bei Schulkindern.

Prevention of deafness of schoolchildren.

France. — M. le Dr Jacques, professeur agrégé à la Faculté de médecine, Nancy.

Hollande. — M. le Dr Quix, Utrecht.

Discussion des Communications.

Mr. Macleod Yearsley, Londres. — At what age should the education of the Deaf Child commence.

Mr. Franck O. Barnes, Londres. — The treatement of defective Deaf children.

Dr Luciano Barajas, Madrid. — Hygiene otologique scolaire.

Vendredi, 5 Août.
A 10 heures du matin.

Discussion des Rapports.

Le rôle des maîtres, du médecin scolaire et de la famille dans l'Hygiène de l'oreille chez les Écoliers.

Der Anteil der Lehrer, der Eltern und des Schularztes in der Ohrenhygiene bei Schulkindern.

The part of the teachers, the parents and the schooldoctor in the Hygiene of the ear of schoolchildren.

France. — M. le Dr Magnan, Tours.

Autriche. — M. le Dr Gustav Alexander, professeur de maladie de l'ouïe, Vienne.

Discussion des Communications.

Mr. G. Sibley Haycock, Londres. — The early Education of the Deaf child.

Mr. James Kerr Love M. D., Londres. — The education of the very young Deaf Child.

Mr. R. P. Jones, Londres. — The Organisation of Schools for the Deaf.

IIIe Sous-Section.

Hygiène de la bouche et des dents dans les Écoles
Hygiene des Mundes und der Zähne
Hygiene of mouth and teeth

Présidents d'honneur: Argentine. — Mlle Pr. Sara Justs, inspecteur de la section de l'enseignement secondaire, Buenos-Ayres.

France. — Dr Claude Martin, correspondant de l'Académie de médecine de Lyon.

Norvège. — Dr Smith HOUSKEN, dentiste, Christiania.
Vice-Présidents : Dr CRUET, dentiste des hôpitaux de Paris;
Dr GODON, directeur de l'école dentaire de Paris.
Secrétaires : Angleterre. — Mr. S. SPOKES, Londres.
France. — Dr BOZO;
M. G. VILLAIN, professeur suppléant à l'école dentaire.

Mercredi, 3 Août.
A 10 heures 1/2.

Discussion des rapports.

L'hygiène de la bouche dans les Internats.
Hygiene der Mundhöhle in den Internaten.
Oral Hygiene in Residential Schools.
France. — M. le Dr H. DREYFUS, secrétaire général de la Société d'Odontologie, Paris.
Autriche. — M. le Dr Wilhelm WALLISCH, k. Rat, Privatdozent a. d. Universität, Vienne.

Discussion des communications.

MM. Albin LENHARDTSON (Stockholm). — La Coopération des maîtres, des médecins scolaires et des dentistes scolaires.
RICHAUME (Paris). — Rôle du dentiste dans les groupements scolaires.
FOURQUET (Paris). — L'hygiène dentaire à l'école.

Jeudi, 4 Août.
A 10 heures du matin.

Discussion des rapports.

L'importance de l'hygiène buccale et dentaire pour la préservation de la santé générale des enfants et des adolescents.
Die Bedeutung der Mund- und Zahnhygiene für den allgemeinen Gesundheitszustand bei Kindern und Jünglingen.
The Importance of the Hygiene of mouth and teeth for the preservation of the general health of children and adolescents.
France. — M. le Dr CRUET, dentiste des hôpitaux de Paris.
Belgique. — M. le Dr ALLAYES, Anvers.

Discussion des communications.

M. le Dr Gabriel WOLF (Vienne). — L'Hygiène dentaire dans les Écoles d'Autriche.

MM. le Dr J. Ferrier (Paris). — L'usage de l'eau bouillie en boisson et la minéralisation calcique de l'enfant.
Effet sur les dents et sur l'état général.

le Dr Cunningham (Cambridge). — L'institut dentaire infantile de Cambridge.

les Drs Box et Van Campenhout (Bruxelles). — Service dentaire scolaire de Bruxelles.

le Dr Cavanié (Bordeaux). — Du rôle des dentistes inspecteurs des écoles normales primaires.

Vendredi, 5 Août.

Discussion des rapports.

Sur l'inspection semestrielle et du traitement des dents des enfants des écoles.

Ueber halbjahrliche Untersuchung und Behandlung der Zähne bei Schulkindern.

On half yearly inspection and treatment of the teeth of school children.

France. — M. le Dr Roy, professeur à l'école dentaire.

Allemagne. — M. le Dr Jessen, de Strasbourg.

Discussion des communications.

MM. C. Edward Wallis (London). — A School dental clinic in London.

le Dr G. Villain (Paris). — De l'utilité de l'examen buccal pendant la période d'éruption des dents au point de vue de l'hygiène locale et générale.

le Dr William Fisk. — School dentist's society.

le Dr G. Mahé (Paris). — Le service dentaire au lycée Janson-de-Sailly.

le Dr Godon (Paris). — La fiche dentaire, son utilité pour l'examen et la vulgarisation des soins des dents des enfants des écoles.

Samedi, 6, Août.

A 9 h. 1/2 du matin.

Séance solennelle de clôture, dans le Grand Amphithéâtre de la Sorbonne, sous la présidence de M. Chéron, Sous-Secrétaire à la Marine,

avec le concours de la musique du 5e régiment d'infanterie, dirigée par
M. J. VIDAL.

Programme :

1° *La Marseillaise* . . . . ROUGET DE L'ISLE.
2° *Dolorès*, valse. . . . . WALDTEUFEL.
3° *Toccata*, polka pour piston. Soliste : M. Bonardet. . H. SÉNÉE.
4° *Retraite française*. . . . . J. VIDAL.

PARIS. — IMPRIMERIE CHAIX (SUCCURSALE B, 11, BOULEVARD SAINT-MICHEL. — 2.0 - f

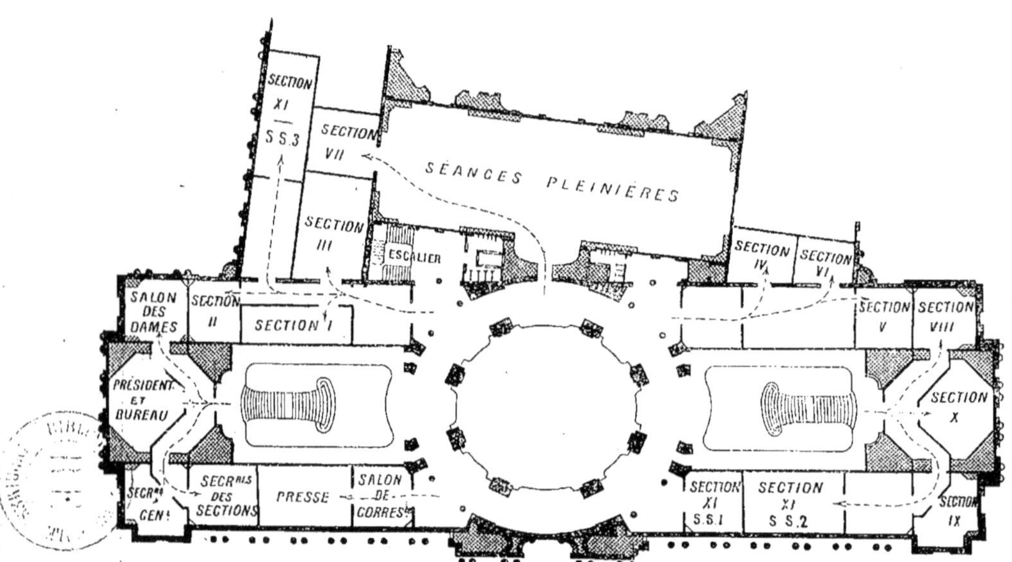

Plan des Salles du Congrès (1er étage).